읽으면 하루하루 공부가 재미있어지는

하루 한 장
365
내 아이
성장 일력

읽으면 하루하루 공부가 재미있어지는

하루 한 장 365 내 아이 성장 일력

발행일 2022년 11월 30일

지은이 김종원
펴낸이 권대호, 김재환
출판총괄 김형석 **개발책임** 김기임, 김선아 **개발** 백미경
디자인 김소진, 석지혜 **일러스트** 신연희(인스타그램 @heeshin___)

펴낸곳 (주)에듀윌
등록번호 제25100-2002-000052호
주소 서울시 구로구 디지털로34길 55 코오롱싸이언스밸리 2차 3층
대표번호 1600-6700

ISBN 979-11-360-2131-1 10590

* 이 책은 저작권법에 의하여 보호를 받는 저작물이므로 무단 전재와 복제를 금합니다.

1월 **내면,** 공부의 넓이와 깊이를 더하는 힘

2월 **감정이입,** 무엇이든 빠르게 이해하는 힘

3월 **창의,** 누구나 보고 있는 곳에서 새로운 것을 찾아내는 힘

4월 **정의,** 단어를 나만의 시선으로 재정의하는 힘

5월 **관찰,** 하나를 오랫동안 깊이 바라보는 힘

6월 **자각,** 무엇을 알고 무엇을 모르는지 구분하는 힘

7월   **지성,** 모두에게서 배울 점을 발견하는 힘

8월   **연결,** 이것과 저것을 가장 효과적인 하나로 만드는 힘

9월   **문제해결,** 풀리지 않는 문제를 푸는 힘

10월   **감성,** 이성의 눈으로 보이지 않는 부분을 찾는 힘

11월   **사랑,** 배우는 삶을 소중하게 만드는 힘

12월   **자기주도,** 스스로 공부를 시작하는 힘

김종원

20만 부모의 인문 교육 멘토. 오랜 기간 사색을 통해 얻은 인문학적 소양을 바탕으로 생각의 폭과 깊이를 더하는 길을 열어 준다. 공부에 흥미를 갖지 못하는 아이들에게 공부는 스스로에게 꿈을 주는 행위라는 사실을 단지 365일 동안 글을 읽는 것만으로 깨닫게 한다. 부모를 위한 자녀교육 분야의 바이블로 여겨지는 《부모의 말》, 《부모 인문학 수업》, 《아이를 위한 하루 한 줄 인문학》, 《하루 한 장 365 인문학 달력》 등 70여 권의 저서를 집필하였다. 주요 저서들은 중국, 대만 등에서 번역 출간되었다.

- 인스타그램 @thinker_kim, @thinkerkimjw
- 카카오스토리(생각 공부) story.kakao.com/ch/thinker
- 카카오채널(하루 10분 인문학 수업) pf.kakao.com/_xmEZPxb
- 페이스북 facebook.com/jongwon.kim.752
- 네이버 블로그 blog.naver.com/yytommy

1년을 마무리하며

오늘은 참 기쁜 날입니다.
여러분이 필사와 낭독을 시작한 지
꼭 1년이 지났으니까요.
여러분이 배움을 위해 시간을 투자하면,
훗날 공들여 배운 것들이 여러분을 지켜 줄 겁니다.
공부는 미래를 준비하는 가장 근사한 방법이죠.
꼭 필요한 것을 필요한 순간 배우지 않으면,
나중에 그 지식이 필요할 때 쓸 수 없어요.
공부는 더 나은 날을 위한 준비라는 사실,
잊지 말고 가슴에 담기로 해요.

작가의 말

지금 여러분의 아이는
즐겁게 독서와 공부를 하고 있나요?
아니면 억지로 끌려가듯 하고 있나요?

"공부할 때가 세상에서 가장 즐거워요."
"오늘도 정말 공부가 하고 싶어요!"

이 달력은 부모에게 이런 행복의 소리를 전하는
아이들이 더 많아지기를 바라는 마음에서 나왔습니다.

"아이의 365일을 아름답게 해 줄
하루 공부의 가치를 뜨겁게 빛내는 글!"
달력을 아이의 책상에 올리는 순간
아이가 맞이할 일상에 기적이 일어납니다.

December
31

하루를 시작할 때 네 기분이 행복하면
그날은 정말 좋은 일만 생기지.
사람은 스스로 먼저 행복해져야
만나는 모든 사람과 장소에서
기쁨과 좋은 결과를 만들 수 있는 거란다.

1
January

내면,
공부의 넓이와 깊이를 더하는 힘

December
30

다른 사람이 불행해지기를 바라는 것은

매우 어리석은 선택입니다.

그건 함께 불행해지는 길이니까요.

늘 스스로 나아지려고 생각해야 합니다.

January
1

사람들이 보고 있을 때의 내 모습은
나의 진짜 모습이 아닙니다.
아무도 없을 때의 내 모습이
나를 증명하는 진실한 모습입니다.

December
29

공부하는 습관을 들이는 것은

세상이 우리에게 주는

모든 방황과 유혹의 손길에서

스스로를 지킬 힘을 만드는 것입니다.

January
2

아무리 무표정한 상태로 감정을 숨겨도
내면의 소리는 감출 수가 없어서
밖으로 자신의 기분을 전합니다.
그러므로 내면의 온도를 늘 스스로 제어해야 합니다.

December
28

늘 자신을 아는 게 먼저입니다.

알아야 무엇을 배울지

스스로 결정할 수 있으니까요.

주입으로만 지식을 배우는 이유는

자신을 모르기 때문입니다.

January

3

나의 말과 행동은 부모님께

반대로 부모님의 말과 행동은 내게

서로 영향을 미치게 됩니다.

무의식적으로 흉내를 내게 되기 때문이죠.

December
27

책가방을 직접 챙기는 이유가 뭘까요?

스스로 필요한 것을 하나하나 담으면서

내일 배울 것들의 모든 내용까지

하나하나 그려 볼 수 있어서,

예습하는 효과를 볼 수 있기 때문입니다.

책가방을 잘 챙기는 아이는 공부도 잘합니다.

January
4

여러분의 하루에 집중하고,
자신을 굳게 믿으세요.
그리고 자신의 결정과 판단을
신뢰할 수 있다면,
여러분은 최고의 하루를 보낼 수 있어요.

December
26

우리가 성취감을 자주 느끼지 못하는 이유는
항상 남들보다 잘하려고 하기 때문입니다.
스스로의 기준으로 판단하면
매일 뜨거운 성취감을 느낄 수 있어요.

January
5

공부는 남들이 원하는 사람이 되는 것이 아니라,
내가 원하는 나의 모습으로 살기 위해서 하는 겁니다.
평생 공부하는 사람은 평생 자유롭습니다.

December
25

꼭 끝까지 가야 한다는
고정 관념을 벗어도 됩니다.
무언가를 시작했다가
바로 그만두어도 괜찮아요.
그 일이 쉽지 않다는 사실을
스스로 깨달았다는 게 중요하죠.
그게 바로 살아 있는 공부입니다.

January
6

기품은 그저 넉넉한 환경이나

부드러운 태도에서 나오는 게 아니라,

오히려 아무것도 없어도 괜찮다는

자신을 향한 확고한 자신감에서 나옵니다.

December
24

세상에는 세 종류의 사람이 살아요.
스스로 배우려는 사람들,
알려 준 것만 배우는 사람들,
알려 줘도 안 배우는 사람들.
여러분은 어떤 사람인가요?

January
7

호수처럼 고요한 마음과
봄바람처럼 부드러운 행동,
이렇게 몸과 마음이 차분해야
내면이라는 아름다운 정원에
지성이라는 새가 날아옵니다.

December
23

왜 배워야 하는지 알고 있니?
시작하기 전에 그것 먼저
자신에게 물어보는 게 좋아요.
스스로에게 확신이 있어야
중간에 멈추지 않기 때문입니다.

January
8

여러분이 스스로 자신을 멋지다고 생각하면

주변 사람들이 알아차리고

당신을 존중하게 됩니다.

December
22

누구든 배우고 또 배우면

이런 근사한 사실을 깨닫게 되죠.

"배운 사람은 벌을 주지 않아도

스스로 움직여 주어진 일을 해낸다."

그래서 배운 사람은 혼나지 않습니다.

혼나기 전에 주어진 일을 해내기 때문이죠.

January 9

입에서 쓰레기처럼

지독한 언어만 나오는데,

그 삶이 평온할 수가 있을까.

언어를 들으면 내면이 보인다.

언어에서 악취가 나는데,

내면이 아름다울 리 없다.

December
21

운동은 강요에 의해 억지로 해도
그 사람에게 근육과 건강을 주지만,
공부는 억지와 강요가 통하지 않습니다.
스스로 공부하면서 보낸 시간만이
마음에 지식을 남게 해줍니다.

January
10

작은 것으로도 만족하는 사람이

더 부유한 삶을 사는 이유는 뭘까요?

겸손하거나 꿈이 작아서가 아니라,

작은 것을 활용해서 더 큰 것을 창조할

거대한 생각의 힘을 갖고 있기 때문입니다.

December
20

천재적인 능력은 타고난 것이 아닙니다.

천재란 멈추지 않고 노력하는 사람입니다.

배우고 공부하는 것이 힘들어도

멈추지만 않는다면,

천재의 삶에 가까워질 수 있습니다.

January
11

마음의 힘이 왜 중요할까요?
몸의 힘으로 할 수 없는 일을 만나면
그때 마지막으로 나를 도울 수 있는 건
마음의 힘이기 때문입니다.

December
19

분노할 때 우리는

상대방과 같은 수준이 됩니다.

그러나 용서하고 지나가면

스스로 높은 수준에 올라가죠.

January
12

공부는 우리에게 왕복 열차표를 줍니다.

처음 가졌던 마음으로 돌아가게 만드니까요.

그래서 늘 선한 마음으로 공부를 하면,

길을 잃지 않고 성장할 수 있습니다.

December
18

엎질러진 물은 다시 그릇에 담을 수 없어요.
다만 지혜로운 사람은 열심히 물을 닦죠.
닦아 본 사람만이 엎지르지 않을 방법을
스스로 깨달을 수 있기 때문입니다.

January
13

타인의 지식을 배운 사람은
타인에게 특별한 것을 주기 힘들지만,
스스로 생각해서 깨달은 사람은
오히려 평범한 것을 주기 힘듭니다.
특별한 것만 내면에 가득하기 때문이죠.

December
17

흔히 '고생'과 '노력'을 구분하지 않고,
같은 의미라고 생각하며 사용하는 사람이 많아요.
하지만 고생과 노력은 전혀 다른 말입니다.
누군가 시킨 일을
어쩔 수 없이 해내는 건 고생이고,
스스로 좋아서 하는 일을
즐겁게 하는 걸 노력이라고 합니다.
노력을 고생이라고 생각하지 마세요.

January
14

뭐든 쉽게 배울 수 있는 재능보다는,

끝까지 포기하지 않는 의지를 주세요.

뭐든 쉽게 파괴하고 부술 수 있는 힘보다는,

하나를 아주 오랫동안 바라보며

세상에 없던 것을 창조하는 내면의 힘을 주세요.

December
16

세상에는 답이 하나가 아닌 문제가 많아요.

사람에 따라서 다른 방향을 볼 수 있으니까요.

늘 배우는 사람이 되려면

동시에 다양한 생각을 하며,

스스로 뜻하는 일을 실천해야 합니다.

January
15

자기 몸에 병이 있는지 걱정하며
수시로 진료를 받는 것도 중요하지만,
자신의 마음이 어떤 생각을 하고 있는지
수시로 속을 들여다보는 일도 중요합니다.

December
15

친구의 의견을 존중하지만
그 의견에 흔들리지는 않습니다.
그게 바로 자신의 생각을
강력하게 믿는 사람의 모습이죠.

January
16

세상에서 가장 비싼 옷은
'탄탄한 내면이라는 옷'입니다.
아무리 많은 돈을 줘도
살 수 없기 때문입니다.

December
14

스스로 해낸 것도 자랑스럽지만,

해내지 못한 것도 마찬가지로

나는 자랑스럽게 생각합니다.

스스로 주도한 일은 결과에 상관없이

우리에게 어제보다 나은 하루를 선물하니까요.

January
17

자신이 서 있는 나뭇가지가 너무 약해서

불안하다고 불평하는 새는 없습니다.

가지가 부러지면 날아가면 되기 때문이죠.

우리가 처한 환경 역시 마찬가지입니다.

자신을 강력하게 믿는 사람은

결코 약한 나뭇가지를 탓하지 않는 법입니다.

December
13

휴식은 가장 소중한 시간입니다.
치열하게 뛴 사람만이 멈춰서
쉴 수 있기 때문입니다.
뛰어갈 방향을 모르는 사람은
휴식도 할 수 없습니다.

January
18

기품은 내면의 언어입니다.

깊은 생각과 폭넓은 교양이 있어야

기품을 주변에 전할 수 있으며,

늘 배우는 자세를 통해

깊은 생각과 폭넓은 교양을

갖출 수 있습니다.

December
12

일단 네가 흥미를 느끼는 대상을 찾아.
거기에 매달리면 그게 바로
세상에서 가장 멋진 공부가 되는 거야.
공부는 흥미에서 시작해.
꼭 기억하자.

January
19

아무도 행동하지 않을 때
용기를 내서 혼자 행동하고,
모두가 흥분해서 나갈 때
홀로 차분하게 생각할 수 있는,
단단한 내면을 가진 사람을 만드는 것이
바로 배우는 이유이자 교육의 목표입니다.

December
11

생각하지 않는 공부는 위험합니다.
아무리 치열하게 달려도
도착한 곳에서 만족할 가능성이
매우 낮기 때문입니다.
'그냥' 배우는 삶은,
'그냥' 시간을 낭비하는 것입니다.
늘 자신에게 질문해 보세요.
"나는 왜 배우는가?"

January
20

빠르게 잘하려는 마음보다는
나무가 커 나가는 것처럼
자연의 속도를 배우며
무리하지 않고 천천히
그리고 꾸준히 나아지는 게 좋아요.

December
10

전설적인 무술가 이소룡은 이렇게 말했어.

"나는 만 가지 발차기를 한 번씩

연습한 사람은 두렵지 않지만,

한 가지 발차기를 만 번 연습한 사람은 두렵다."

반복하면 뭐든 최고가 되지.

January
21

마음을 차분하게 만들어 주는

좋은 음악을 자주 감상하세요.

좋은 음악은 아픈 마음을 치유하고

다시 시작할 힘을 줍니다.

December
9

지식을 배우면서 우리는
새롭게 태어날 수 있습니다.
하지만 반드시 실천이 필요한 이유는
지식의 활용을 통해 잘 사는 기술을
스스로에게 가르칠 수 있기 때문입니다.

January
22

생각이 맞지 않다고 다투는 사람이 아닌,

다른 생각도 웃으며 넘길 수 있는 사람이

진짜 교육을 받은 사람입니다.

공부는 다양한 것을 받아들일 수 있게

우리의 내면을 확장하게 해 주죠.

December
8

배우지 않는 사람은

모든 것을 우습게 보지만,

늘 어디에서든 배우는 사람은

아무것도 우습게 보지 않습니다.

모든 것이 나의 스승이기 때문이죠.

January
23

억지로라도 웃으며 기쁜 생각을 하면
뇌는 스스로 자신이
좋은 상태에 있다고 인식합니다.
안 좋은 상황에서도 웃음을 선택할 수 있다면,
여러분 앞에 놓인 모든 것이 좋게 바뀝니다.

December
7

영어, 수학, 과학, 한문, 국어!
이걸 다 해야 한다고 생각하지 말고,
오늘 해야 할 것에만 집중하는 게 좋아요.
공부는 억지로 해야 하는 숙제가 아니라,
매일 조금씩 즐기는 일상의 일부이니까요.

January
24

앞으로의 세상에서 가장 귀하게 여겨질

인간 최고의 무기는 친절입니다.

친절하게 대하고 예쁘게 말하는 것은

기계가 대체할 수 있는 것이 아니기 때문이죠.

우리가 무언가를 지금 배우는 이유는

친절하게 그리고 예쁘게 말하기 위한

기초 체력을 다지기 위해서입니다.

December
6

우리의 인생은 아주 길어요.
그러니 억지로 무리해서 달리지 마세요.
돌아서지만 않는다면,
분명 언젠가는 이룰 수 있습니다.

January
25

친절이 무엇인지도 몰라서
전혀 기대하지 않는 친구들에게
오히려 친절한 말을 하고,
친절한 행동을 보여 주세요.
이를 통해 여러분은 친구 한 명을
아름다운 세계로 인도할 수 있어요.

December
5

목표를 낮게 잡고 이룬 성공보다

목표를 조금 높게 잡고 실패한

선택이 오히려 자신에게 좋습니다.

몰랐던 것들을 배울 수 있기 때문이죠.

January
26

우리는 두려움을 느끼기 위해

세상에 태어난 것이 아니라,

희망을 더 자주 전하기 위해

이 자리에 서 있는 겁니다.

December
4

오늘 해야 할 일을
내일로 미루지 마세요.
오늘이란 우리의 과거와
미래를 연결하는
가장 소중한 시간입니다.

January
27

작은 틈으로도 빛은 통과해서

틈의 존재를 사방에 알립니다.

우리가 내뱉는 말 역시 마찬가지입니다.

말은 투명한 빛과 같기 때문에

그 사람의 사소한 결점까지 통과해서

주변 모든 사람들에게 알립니다.

December
3

누군가 라면을 끓이고 있는 모습을

"나도 먹고 싶다."라는 눈빛으로 바라보면,

무언가 당신에게 돌아가는 게 있을 수 있어요.

하지만 그건 찌꺼기나 국물 이상은 되지 않을 겁니다.

얻고 싶은 게 있다면 바라보지만 말고,

직접 뛰어가서 절실하게 쟁취해야 합니다.

January
28

나쁜 습관은 몸에 새겨진 흉터와 같아요.

몸이 커지면서 흉터도 따라 커지는 것처럼

살아가면서 나쁜 습관도 점점 커집니다.

지금 당장 자르지 않는다면

평생 나쁜 습관과 함께 살아야 해요.

December
2

재미가 없으면 의미도 없습니다.
무조건 공부하고 배울 필요는 없어요.
더 중요한 건 스스로의 즐거움입니다.
"나는 무엇을 배울 때 가장 즐거운가?"
늘 이 질문을 마음에 품고 살아야 해요.

January
29

힘든 일이 있어도 항상 웃으며 일어나요.
그럼 남들이 할 수 없다고 생각한
어떤 것도 해낼 희망을 품을 수 있습니다.

December
1

저축은 무조건 좋은 걸까요?
우리가 돈을 버는 이유는,
써야 할 곳에 쓰기 위해서입니다.
공부도 마찬가지입니다.
배워서 쌓기만 하면 아무런 소용이 없어요.
중간중간 꼭 필요한 곳에 배운 지식을
멋지게 활용하기 위해서 배운 거니까요.

January
30

억지로 겸손할 필요는 없어요.

그건 거짓을 말하는 것과 같죠.

정말로 배울 필요가 있을 때,

겸손한 마음으로 다가가면 됩니다.

12
December

자기주도,

스스로 공부를 시작하는 힘

January
31

아름답지 않은 소리는 듣지 마세요.
여러분의 눈과 귀는 나쁜 것과
못된 소리를 듣기 위해 있는 게 아니라,
소중한 것들이 내는 아름다운 음성을
듣고 마음에 담기 위해서 존재하는 겁니다.

November
30

우리의 하루에 공부가 추가되면
생각하고 보이는 것들이 달라집니다.
바람도 새롭게 느껴지고,
신나는 일이 참 많아지게 되죠.

2
February

감정이입,
무엇이든 빠르게 이해하는 힘

November

29

우리가 무언가를 발견했다면

그건 탁월한 능력 때문이 아니라,

그저 다른 사람들보다 조금 더

애정을 갖고 지켜봤기 때문입니다.

February
1

다른 사람의 입장이 되어
세상을 바라볼 수 있다면,
여러분은 세상을 바라보는
두 개의 눈을 갖게 되는 겁니다.

November
28

나는 늘 가장 소중한 사람을 돕기 위해

내게 필요한 것들을 배웁니다.

다양한 지식을 내 안에 담고 있어야

그들이 도움을 구할 때,

바로 꺼내서 전해 줄 수 있으니까요.

February
2

한 줄을 읽었다면,
한 번 생각해야 합니다.
생각하지 않고 넘어간 한 줄은
내게 아무것도 남겨 주지 않습니다.

November
27

굳이 나 자신을 사랑하려고 노력하지 말자.
이미 나는 누구보다 사랑스러운 사람이니까.
나는 그 사랑을 스스로 허락하기만 하면 된다.

February
3

한 사람을 이해한다는 사실이

우리에게 중요한 이유는 뭘까요?

한 사람을 이해하는 동시에

그가 지금까지 배운 수많은 것들을

나도 알 수 있게 되기 때문입니다.

November
26

돈으로도 바꿀 수 없는 귀한 지성은

오직 세상을 사랑하는

귀한 눈빛으로만 얻을 수 있습니다.

February
4

그 사람의 생각이
그 사람을 만듭니다.
여러분의 미래는 바로
오늘 하루의 생각이 결정합니다.

November
25

학교나 학원에서 혹은 친구들과의 관계에서

좋은 사람을 만나서 좋은 기분을 유지하려면,

네가 먼저 호감을 주는

좋은 사람이 되어야 한단다.

사람은 누구나 자기를 좋아하는 사람을 좋아하고,

그런 사람에게 사랑과 믿음을 주니까.

February
5

거대하게 성장한 나무를 보며
작은 씨앗일 때를 떠올리는 사람은 별로 없죠.
그러나 현재가 아닌 과거를 볼 줄 알아야
성장의 과정을 짐작할 수 있습니다.

November
24

철학이 있는 사람은

결코 흔들리지 않아서

자신이 사랑하는 사람들의

손을 꽉 잡아 줄 수 있습니다.

February
6

정말 지적인 사람은 결코
누군가의 잘못을 지적하지 않아.
그들은 어제의 자신과 오늘의 자신을
섬세하게 비교하며 자신의 잘못과 실수를
반성하는 하루를 살고 있으니까.
지적인 사람은 언제나 자신을 보고 있기 때문에
결코 남을 지적하지 않지.

November
23

사랑은 우리가 가져야 하는

온갖 아름다운 것들을

내면이라는 정원으로 초대합니다.

그렇게 이해와 배려, 기쁨과 행복은

사랑이 있는 곳에서만 피는 꽃입니다.

February
7

처음 만난 사람들의 생각까지
내 마음에 담을 수 있으면
내가 볼 수 있는 세상이 하나 더
늘어나는 기적을 만날 수 있습니다.

November
22

꾸준하게 무언가를 하는 것도 좋습니다.
하지만 그 사실에 얽매여
자신을 힘들게 할 필요는 없어요.
그럼 시작도 하기 전에 지치니까요.
사랑하는 마음만 갖고 있다면,
조금 쉬었다 가도 괜찮습니다.

February

8

내가 생각하는 것과

내가 말하고 행동하는 것이

하나로 조화를 이루면서

배움의 방향이 결정됩니다.

좋은 것을 생각하고 말할 수 있다면,

배움의 방향도 좋게 흐릅니다.

November
21

자신의 생각을 믿고 사랑하세요.

다른 사람의 소리에서 멀어져서,

자신의 소리에 귀를 기울이면서

우리는 모두 자유를 얻게 됩니다.

February
9

모두가 바라보는 사물을 바라보며

그때 느낀 여러분의 영감을

자신의 입장에서 표현할 수 있다면,

모든 것을 특별하게 만들 수 있어요.

November
20

우리가 오늘도 무언가를 배우며

깨달음을 얻는 이유는,

자신을 진정 사랑하기 위해서입니다.

자신을 위해 공부하는 동안

사랑의 의미를 깨달을 수 있기 때문이죠.

February
10

여러분이 무언가를 이해했다면
그걸로 새로운 것을 만들 수 있어야 하죠.
만들 수 없다는 사실은
이해하지 못했다는 증거입니다.

November
19

자신을 무시하며 함부로 대하는 사람은
타인에게도 같은 취급을 당합니다.
무엇보다 자신을 믿고
누구보다 자신의 가치를 사랑하세요.

February
11

좁은 새장 안에서도 자유를 느끼는 새는
기꺼이 그 좁은 새장에 머물러 있습니다.
생각의 폭이 자유의 넓이를 결정합니다.

November
18

배우는 과정을 스스로 즐거워하기 전에는

가르치는 사람을 사랑할 수 없고,

그가 보여 준 지식의 반도 배우지 못합니다.

우리는 사랑하는 사람에게서만

무언가를 배울 수 있으니까요.

February
12

무언가를 배우려면 좋은 기분을

유지하는 게 매우 중요합니다.

상대에게 아픔을 주려는 복수심은

배우는 삶에 부정적인 영향을 미치죠.

나쁜 마음이 우리를 지배하고 있기 때문입니다.

November
17

세상에 쉬운 일은 없지만

반복하면 조금씩 수월해지고,

마음을 다해 그 일을 사랑하면

비로소 완벽한 상태가 됩니다.

February
13

뇌는 내일을 모릅니다.
지금 이 순간 느낄 수 있는 것을
모두 느끼며 간직하는 게 중요해요.

November
16

무슨 일이든 내일 잘 끝내려면

일단 지금 시작해야 합니다.

"할 수 있을까?"라는 생각은

일을 해내는 데 도움이 되지 않아요.

February
14

어려운 순간을 이겨 내면

쉽게 느껴지는 순간이 오는 것처럼,

해결하기 힘든 복잡한 문제도 이겨 내면

단순하게 느껴지는 수준에 도달하게 됩니다.

November
15

모든 공부에는 경쟁이 있습니다.

그러나 그건 그리 중요하지 않아요.

정말 내가 하고 싶은 공부라면,

어떤 경쟁도 극복할 수 있으니까요.

February
15

싫은 사람을 어쩔 수 없이
상대해야 할 때도 있지.
그럴 때는 조용히
그의 이야기를 들어주는 게 좋아.
괜히 나쁜 감정과 못된 말을
전하는 건 너에게 좋지 않지.
가끔은 지혜롭게 스치고
지나갈 필요도 있단다.

November
14

겸손하게 자신을 낮추지 않으면

아무것도 배우지 못합니다.

낮은 자세로 세상을 바라봐야

더 많은 것을 볼 수 있으니까요.

February
16

이성은 언제나 인기가 없습니다.

사람의 감정은 감성에 반응하기 때문입니다.

그러나 세상을 이끄는 소수는

과거나 지금이나 뛰어난 이성의 소유자입니다.

그들은 이성으로 감성의 소유자들을

제어하며 자신을 위해 일하게 만듭니다.

November
13

무대가 커서 떨리는 게 아니라,
그 무대에 선 나의 뜻이
너무 작을 때 떨리기 시작합니다.
나만을 위한 뜻이 아닌,
사랑하는 모두를 위한 뜻을 품을 때
우리는 어디에서도 떨지 않고
자신의 생각을 펼칠 수 있습니다.

February
17

책을 반드시 소리 내어 읽는 게 좋을까요?
중요한 건 읽고 이해하는 과정에 있습니다.
눈으로 한 번 다 읽은 후에
스스로 이해를 하고 있다는 생각이 들면
그때 소리를 내서 읽는 게 좋습니다.
이해한 후에 읽으면 느껴지는 감정도 달라지니까요.

November
12

다른 사람을 설득할 수 있는 사람보다

자기 자신을 설득할 수 있는 사람이

결국에는 세상을 바꿉니다.

February
18

완성한 퍼즐을 보며

조각을 짐작할 수 있는 것처럼,

한마디 말로 그 사람이 평생

무엇을 보고 배웠는지 알 수 있습니다.

말의 조각이 곧 삶의 조각입니다.

November
11

상처 없이 성장하는 사람은 없습니다.

모든 성장은 상처를 증인으로 남기죠.

어떤 어려움도 없이 무언가를 배웠다면,

그건 아무것도 배우지 않았다는 것과 같아요.

지금 죽도록 힘들다면 죽음보다 귀한 것을,

당신이 배우고 있다는 증거입니다.

February
19

수준이 낮은 사람은 남이 칭찬받는 것을
좋은 마음으로 지켜보지 못합니다.
분노와 시기, 질투 등 낮은 수준의 감정들이
사랑과 성장의 눈을 가리고 있기 때문이죠.

November
10

늘 더 중요한 일이 무엇인지
더 소중한 일이 무엇인지 생각하세요.
덜 중요하고 덜 소중한 일을 하느라,
사랑하는 일을 놓칠 수 있으니까요.

February
20

두뇌는 무언가에 몰입하는 걸 좋아합니다.
스스로도 몰입을 통해
생각지도 못한 일을 해낼 수 있다는
근사한 사실을 알고 있기 때문입니다.

November
9

케이크를 아무리 같은 크기로 잘라서 줘도

친구의 것이 더 크게 보이는 것처럼,

친구 눈에는 나의 케이크가 더 크게 느껴집니다.

중요한 건 내가 가진 것을 사랑하는 일입니다.

February
21

농담을 할 때 그 사람이 내뱉은 말을

아주 오랫동안 생각해 보세요.

그 사람이 던진 농담 한마디에서

그가 지금까지 무엇을 배웠는지

선명하게 짐작할 수 있으니까요.

November
8

매일 아침에 일어나 자신을 응원하고,
매일 잠들기 전 자신을 용서하세요.
하지 못했다는 후회를 하기보다는,
그럼에도 할 수 있다는 희망을 품고 살아요.

February
22

세상을 바꾸려면
먼저 자신을 바꿔야 하고,
자신을 바꾸려면
나는 모른다는 사실을 알아야 합니다.

November
7

실패는 여러분이 넘어진 자리가 아니라,

포기를 외친 자리를 말하는 것입니다.

세상이 뭐라고 해도

자신을 사랑하는 마음으로

계속해서 앞으로 간다면

여러분은 실패한 것이 아닙니다.

February
23

지식은 우리에게 자유를 줍니다.
가만히 앉아서도
멀리 날아갈 수 있게 해 주죠.

November
6

자신의 재능이 무엇인지 모르겠다고

자꾸만 묻는 사람들에게는 이런 공통점이 있죠.

"실천해 본 것이 거의 없다."

뭐든 자꾸 해 봐야

그 안에서 재능을 발견할 수 있어요.

February
24

'절대로'는 공부에서

가장 위험한 단어입니다.

적어도 공부의 세계 속에서는

'절대로'라는 단어가 존재하지 않습니다.

November
5

생각과 배움의 과정을 사랑하세요.
사랑하지 않으면,
우리는 무엇도 배울 수 없습니다.
배움은 사랑하는 사람들 사이에 핀
향기로운 꽃입니다.

February
25

에스컬레이터는 위로 올라갈 수도

아래로 내려갈 수도 있습니다.

사물이 가진 고유의 성질보다는

그걸 바라보는 시선의 방향이

사물의 가치와 가능성을 결정합니다.

November
4

세상에는 사랑받을 줄 아는 아이가 있죠.

뭘 해도 사랑스럽고, 뭘 말해도 예뻐요.

여러분도 늘 사랑을 담고 하루를 보내세요.

마음에 담은 사랑이 세상을 빛낼 수 있습니다.

February
26

틀린 부분을 찾아내려고

책을 읽는 건 좋지 않아요.

반박하려는 목적으로

상대의 말을 듣는 것도 마찬가지죠.

언제나 좋은 부분과 장점만 바라보세요.

그래야 그것들이 내게로 와서 빛이 됩니다.

November
3

잘하는 것도 물론 좋지만
더 중요한 건 처음 마음 그대로,
언제나 끝까지 가야 한다는 거야.

February

27

지식은 비료와 같아서
여기저기에 뿌리지 않으면
세상에 도움을 줄 수 없습니다.
도움을 주려는 마음을 가지고 있어야
지식을 자기만의 것으로 만들 수 있죠.

November
2

세상에 아무것도 하지 않는 사람은 없습니다.

책을 읽지 않으면 세상을 읽고 있고,

말을 하지 않으면 생각을 하고 있지요.

모두가 무언가를 하고 있다는 사실을

인지하고 있어야 모두에게서 배울 수 있습니다.

February
28

덴마크의 동화 작가 안데르센은 말했죠.

"말이 통하지 않는 곳에서

통하는 것이 음악이다."

 근사한 음악을 자주 감상한다는 것은

수많은 사람과 대화를 나누는 것과 같아요.

November
1

인생이 너무 평범하다고 느껴질 때가 있죠.
그러나 나는 두렵거나 지치지 않습니다.
나는 나의 길과 보폭을 믿으니까요.

February
29

누군가 만든 것이
쉽게 만들었다고 느껴진다면,
아직 공부가 덜 되었다는 증거입니다.
뭐든 쉽게 되는 것은 없고,
배운 사람은 과정까지 볼 수 있기 때문입니다.

November

사랑,

배우는 삶을 소중하게 만드는 힘

3
March

창의,
누구나 보고 있는 곳에서 새로운 것을 찾아내는 힘

October
31

뭐든 새로운 것을 보면

질문하는 자세로 사는 게 좋습니다.

"여기에는 또 뭐가 있을까?"

질문하지 않는 입술은

어떤 결실도 담을 수 없습니다.

March
1

시작을 망설일 때는
온갖 나쁜 것만 눈에 보이지만
뭐든 일단 시작하면
비로소 좋은 부분이 보입니다.
시작이 가장 귀한 기적입니다.

October
30

누군가 쓴 글을 읽고

비난하는 건 쉬운 일이죠.

하지만 직접 글을 쓰는 건

매우 어려운 일입니다.

한 걸음 떨어져 서서 무엇을 써야 하는지

깊이 생각해야 하기 때문이죠.

March
2

해답보다 질문이 많은 사람의 미래가

태양처럼 빛이 납니다.

빛은 멈추지 않고 묻는 사람에게만

자신을 허락하기 때문이죠.

October
29

차분한 일상을 즐기는 사람은

구름이 지나가는 하늘 풍경만 봐도

인생의 진리를 깨닫습니다.

차분하게 바라보면 그 안에 담긴

수많은 지혜를 가질 수 있어요.

March
3

모든 것을 가능하다고 생각하는 사람과
모든 것은 불가능하다고 생각하는 사람,
누가 더 가치 있는 인생을 살 수 있을까요?

October
28

억지로 무언가를 하지 말고
마음이 원하는 길을 걸을 수 있게
자신을 그냥 마음에 맡기세요.
그 길의 끝에서 당신에게 꼭
필요한 것을 만날 수 있을 겁니다.

March
4

같은 책의 같은 부분을

매일 반복해서 읽다 보면,

저절로 깊어져서

멋진 나만의 생각이 나오죠.

그 생각을 놓치지 않고 글로 쓰면,

비로소 나만의 글을 쓸 수 있게 됩니다.

October
27

진실은 매우 고귀한 가치를 품고 있어서
모든 사람에게서 기대할 수 있는 게 아닙니다.
놀랍게도 가장 많은 미움을 받는 사람은
거짓을 말하는 자가 아닌,
진실을 말하는 사람일 때가 많죠.
거짓은 때로 진실보다 달콤하니까요.
미움받을 용기를 낼 수 있어야,
진실을 세상에 전할 수 있습니다.

March
5

확실한 답을 찾지 못해도 괜찮아,

애매모호한 상태로 있다는 것은

지금 공부하고 있다는 선명한 증거이니까.

October
26

삶의 기쁨은 결승점에 있는 게 아닙니다.
시작해서 숨 가쁘게 달리는 내내
우리는 순간순간 기쁨을 만끽할 수 있죠.

March
6

모르는 게 많으니 얼마나 좋아.

깨닫는 즐거움만 가득 남았으니까.

부족한 게 많으니 얼마나 행복해.

앞으로 채울 기쁨만 즐기면 되잖아.

때로는 그렇게 없다는 것이

가장 커다란 행복의 시작입니다.

October
25

많은 사람들이 사소하다고 생각한 것에서
모두가 놀라는 거대한 창조가 이루어집니다.
사소한 것을 거대한 눈으로 바라보세요.
이전과 다른 것이 느껴질 겁니다.

March
7

인간에게 있는 뛰어난 능력은
자신의 재능을 발견하는 것입니다.
하지만 그보다 위대한 능력이 있으니
타인의 재능을 발견하는 것이죠.
내가 아닌 다른 사람에게서
장점을 찾을 수 있다면,
그것마저도 배울 수 있습니다.

October
24

우리가 배우며 얻는 깨달음의 끝에는

바로 이런 사실이 놓여 있습니다.

"내가 그간 얼마나 잘못 알고 있었나!"

더 지혜로운 내가 된다는 것은

잘못된 것을 바로잡는 일과 같습니다.

March

8

세상에서 가장 똑똑한 사람은

보자마자 문제를 풀어내는 사람이 아니라,

오랫동안 포기하지 않고 시도하는 사람입니다.

그들은 연구하고 또 연구하며

자신만의 방법을 찾아내기 때문이죠.

October
23

지금보다 더 열심히 할 필요는 없다.

난 지금 이대로도 충분하니까.

나는 충분히 빛나는 하루를 살고 있다.

나는 내가 보낸 하루의 가치를 믿는다.

March
9

수많은 다양한 생각과 말을
모두 고개를 끄덕이며 들을 수 있다면,
그는 세상 모든 것으로부터
배울 수 있는 사람입니다.

October
22

물은 100도에서 끓는다.

그래서 많은 사람이 마지막 1도의 노력을 강조한다.

하지만 나는 99도에서 멈춰도 괜찮다고 생각한다.

99도에도 99도만의 가치가 있는 거니까.

March
10

모든 위대한 것은 숨어 있어서

찾지 못하면 보이지 않습니다.

아무것도 아닌 지금은 없습니다.

단지 아무것도 찾지 못했을 뿐입니다.

October
21

겨울에 운동을 하면 땀이 나지 않아서 좋고,

여름에 운동을 하면 땀이 나서 좋다.

뭐든 좋은 시선으로 바라보면

언제든 행복할 이유를 찾을 수 있어요.

March
11

검색은 다른 사람의
생각을 찾는 일이지만,
탐색은 나만의 생각을 찾는
흥미진진한 지적인 모험입니다.

October
20

아무리 꽃의 이야기에 귀를 기울여도

향기를 맡는 것 이상의 감동은 느끼기 어렵죠.

무엇을 해야 더 나은 선택일지

지혜를 모으기 위해 공부가 필요합니다.

March
12

공부의 기쁨은 의문에서 시작합니다.
모두가 정답이라고 믿는 그것에
"이게 정말 유일한 정답일까?"라는
좋은 의도에서 나온 질문을 던지는 순간부터
나만의 공부가 시작되기 때문이죠.
많이 공부하고 탐구하는 사람일수록
보통 사람들보다 많은 의문을 품고 있습니다.

October
19

공부는 우리 삶에

더 많은 선택지를 선물해요.

알면 알수록 할 수 있는 게 많아지죠.

March
13

잘하고 있다고
잘 되고 있다고
나는 나를 믿는다고
그렇게 말하는 동안
우리는 말처럼 성장합니다.

October
18

모른다고 말하는 건 부끄러운 게 아니야.
그건 "저는 배우고 있는 사람입니다."라는
근사한 고백과도 같은 말이니까.

March
14

무엇보다 너 자신을 믿어야 해.
물론 현실은 매일 자신을 속이지.
자신과의 약속을 매번 어기고 지키지 않으니까.
하지만 자신을 속이는 것보다 더 불행한 일은
자신을 믿지 못하는 거야.
사람은 자신을 믿는 만큼
더 큰 미래를 만날 수 있단다.

October
17

영감은 한 번에 크게 얻는 게 아니라
작게 여러 번 나눠서 얻는 것입니다.
작다고 실망하지 말고
매일 하나하나 모아서 쌓으면
곧 멋진 결과를 만나게 됩니다.

March
15

사랑하는 사람에게

무언가를 주고 싶다는 마음이

일상을 깨달음의 연속으로 만듭니다.

베풀고 싶은 마음이 없는 사람에게는

좋은 것을 찾아낼 안목도 허락되지 않습니다.

October
16

스스로 자신감을 갖는 게 공부의 시작입니다.
우리의 두뇌는 자신감을 갖게 되면서
더 나은 수준으로 발전하기 때문입니다.

March
16

공부는 머릿속에 씨앗을 심는 게 아니라

이미 심겨 있는 씨앗을 찾아서

잘 자랄 수 있게 물을 주는 일입니다.

October
15

문해력이란 단순히 읽고 이해하는

능력을 말하는 것이 아니라,

"무엇이 읽을 가치가 있는가?"라는 질문을

모든 상황에서 가장 지혜롭게

던질 수 있는 능력을 말합니다.

March
17

할 수 없는 것을 가슴에 품고

할 수 있는 것을 실천하며 살면,

할 수 없는 것들을

자연스럽게 하고 있는

자신의 모습을 만나게 됩니다.

October
14

지금 하는 일을 좋아할 수 있다면,
그리고 좋아하는 일을 잘할 수 있다면,
언제나 행복을 놓치지 않을 수 있습니다.

March
18

가끔은 제대로 길을 잃어 보는 것도 좋아요.

길이 아닌 곳에서 이게 길인 것처럼 걸어 보면,

이전에는 알 수 없었던

또 하나의 길을 만날 수 있습니다.

October
13

절대로 사라지지 않는 하나의 희망은
언제라도 무언가를 배울 수 있다는 사실입니다.
모든 것을 잃어도 내가 경험하고 느낀 것은
아무도 가져갈 수 없는 나만의 것입니다.

March
19

굳이 할 수 없다고 생각할 필요는 없어요.

우리는 누구든 할 수 있다고 생각한 것만

실제로 해낼 수 있기 때문입니다.

최대한 많은 것을 자유롭게 상상하세요.

상상할 수 없는 것은 배울 수도 없습니다.

October
12

뭔가를 배우고 돌아서면
왜 자꾸만 기억이 나질 않는 걸까?
이유는 질문 안에 담겨 있다.
돌아설 때 머리에 담은 지식을 다 비우고,
일상으로 옮겨 실천하라는 것이다.
지식은 기억하는 게 아니라,
실천으로 완성하는 것이다.

March
20

세상의 크기는 여러분이 상상하는
크기를 뛰어넘을 수 없습니다.
상상의 크기가 곧 세상의 크기입니다.

October
11

뛰어난 사람은 자신이 생각한 것을 공부하지만,
보통의 사람은 공부한 것을 생각하지.
이 둘의 차이를 곰곰이 생각해 보렴.

March
21

고정 관념은 우리의 상상과
영감을 모두 사라지게 만듭니다.
스스로 자신을 틀에 가두지 마세요.
생각의 자유를 경험해야
만날 수 있는 것들이 많아집니다.

October
10

가장 어리석은 사람은

자신이 무언가를 해야 할 시간에

엉뚱한 것을 하느라,

시간을 다 소비하는 사람입니다.

March
22

어디에서든 배우는 언어
1. 아, 그렇게 생각할 수 있네요.
2. 새로운 관점을 알게 되었습니다.
3. 여기에는 또 뭐가 있을까?

어디에서도 배우지 못하는 언어
1. 그건 절대 아니죠.
2. 포인트를 잘못 잡았네요.
3. 이런 곳에 뭐가 있겠어.

October
9

떠난다고 견문이 넓어지는 게 아니에요.
지식을 꽃씨처럼 담고 떠나야
그 가슴에서 '안목'이라는 꽃이 핀답니다.

March
23

하나의 과학적 사실이 입증되면

동시에 입증해야 할 문제가 늘어나듯,

무언가를 하나 깨닫게 되면

모르는 것이 오히려 늘어납니다.

그래서 많이 알고 있는 사람들은 오히려

"나는 아는 게 없습니다."라고 말합니다.

October
8

공부는 우리를 겸손하게 만듭니다.
하나를 새롭게 알게 되면서,
내가 모르는 아홉 개의 존재를 알게 되죠.
배우면 배울수록 몰랐던 것들이
참 많았다는 사실을 알게 됩니다.
그래서 많이 아는 사람들은 오히려
"나는 아무것도 모릅니다."라고 말하죠.

March
24

하나를 배운 경험은
또 하나를 배울 수 있는
출발점으로 나를 안내합니다.
배움에는 끝이 없습니다.

October
7

그 무엇에서도 감흥을 느끼지 못하는 사람은
세상에서 가장 가련한 사람입니다.
그는 평생 무가치와 무반응이라는 괴물의
시중을 들어야 하기 때문입니다.

March
25

한 시간 동안 공부를 하면

한 시간 이전의 나와 달라집니다.

생각하는 것, 꿈을 꾸는 것,

사람을 대하는 태도까지 바뀝니다.

October
6

밤에는 의자를 사지 않는다는 말이 있습니다.

너무 피곤해서 앉고 싶은 마음에

모든 의자가 좋아 보이기 때문이죠.

그렇게 의자를 사면 다음 날 후회하게 되니까요.

좋은 선택을 하려면 늘 생각하고 있어야 합니다.

그래야 지혜롭게 뭐든 해낼 수 있습니다.

March
26

공부에는 수많은 이론이 있습니다.

하지만 우리에게 필요한 건,

이론이 아닌 상상력입니다.

상상력이라는 날개로 날아가서

도착한 곳에서만

나만의 이론을 만날 수 있죠.

October
5

보통 산책이 아이디어를 발굴하는 데

도움이 된다고 생각하는데,

언제나 그렇지만 순서가 맞아야 하죠.

걷다 보면 생각나는 것이 아니라,

생각하다 보면 어느새

걷고 있는 나를 발견하게 됩니다.

March
27

그냥 생각 없이 바라보면

손이 그림을 그리는 것처럼 보이지만,

그림을 완성하는 주체는

손이 아니라 생각입니다.

생각 없이 바라보면

생각이 보이지 않습니다.

October
4

희망이 사라지면
용기도 함께 떠날 준비를 하죠.
사라지는 희망은 막을 수 없지만
용기는 꼭 잡아야 합니다.
용기만 남아 있다면,
희망은 곧 돌아오니까요.

March
28

모든 것을 다 안다는 것은
매우 불행한 일입니다.
더 이상 깨닫는 기쁨을
즐길 수 없다는 말이니까요.

October
3

무언가를 배우거나 도전할 때는

반드시 힘든 고비를 만나게 됩니다.

그럴 때 현명한 사람들은 세상에 대고

이렇게 큰 소리로 외치죠.

"내게는 반드시 해야 할 일이 있다.

너는 내게 아무런 영향도 줄 수 없다."

March
29

공부에도 개성이 필요합니다.
각자 개성이 다르기 때문에
같은 것을 배워도 자신만의 형태로
받아들일 수 있게 되니까요.

October
2

동네 놀이터에서 배울 점을
발견하지 못하는 사람은
아무리 세계 최고의 예술 작품이
가득한 박물관에 간다고 해도
아무것도 배우지 못합니다.

March
30

새로운 발견과 창조를 위한 중요한 말은

온갖 기술과 정보에 있지 않습니다.

바로 이 한마디에서 모든 변화가 시작되죠.

"이거 진짜 재미있겠는데!"

October
1

'모르는 게 약'이고
'아는 건 힘'이라고 말하는 이유는
"나는 모른다."라는 약을 먹어야,
안다는 힘을 가질 수 있기 때문입니다.

March
31

'수확'의 기쁨은 투자한 시간과
거의 정비례하는 법입니다.
여러분이 힘들게 생각하는
'수학'이라는 과목도 그렇습니다.
우리는 언제나 투자한 만큼
수확할 수 있습니다.

10
October

감성,
이성의 눈으로 보이지 않는 부분을 찾는 힘

4
April

정의,
단어를 나만의 시선으로 재정의하는 힘

September
30

공부가 끝난 뒤에 즐기는 휴식은

세상에서 가장 지혜로운 시간입니다.

배운 것을 다시 한번 생각하며

진짜 나만의 것으로 만들 수 있으니까요.

April

1

공부는 블록을 쌓는 것과 같아요.
조금씩 쌓아 올린 노력이 모여서
비로소 완성할 수 있는 거니까.

September
29

가능성이 높은 것만 시도하고

익숙한 것만 선택하면서 살면,

더 배울 것을 찾지 못하고

자신의 재능도 찾지 못할 수 있어요.

조금씩 힘든 것을 선택하는 게

자신을 위해 좋습니다.

April 2

사소한 지식이 결국

거대한 창조를 이루는 것을

알고 있는 사람은 더 이상

'사소하다'라는 말을 쓰지 않습니다.

September
28

사람들이 쉽지 않다고 말하는 것들을
내가 쉽게 해낼 수 있었던 것은
"나는 할 수 있다."라는 '태도의 거인' 위에서
문제를 바라보았기 때문입니다.

April

3

강요하는 공부를 통해서 우리는
지식은 높이 쌓을 수 있지만,
수많은 사람으로부터 나를 구분할
독창성은 얻을 수 없습니다.
독창성은 이미 내 안에 가득하니
"나는 무엇을 원하는가?"라는 질문에 답한 이후
나만을 위한 진짜 공부가 시작됩니다.

September
27

오늘날의 공부는 아는 것은 많지만,

무엇이 가치 있는 건지는 모르는

사람들을 대량으로 만들었습니다.

단순히 100개의 지식을 쌓는 것보다는

99개를 버리면서도 지킬 소중한 하나의 지식을

발견할 줄 아는 힘이 중요합니다.

April
4

지식은 모두의 것이지만

지혜는 나만의 것입니다.

그래서 지식은 경쟁을 유발하고

지혜는 유일한 삶을 살게 하지요.

September
26

모두가 무언가를 읽고 쓰고 있지만,
모두가 자신이 보는 것을 이해하고 있진 않지.
더 많이 배우는 것보다,
확실히 아는 하나가 중요하단다.

April

5

좋아하는 것을 배우면
따로 배우려고 애쓰지 않아도 돼요.
좋아하는 그 마음이 나서서
스스로 배울 테니까요.
정말 좋아하면 저절로 알게 되지요.

September
25

세상에 어려운 일은 없습니다.

일 자체가 특별히 어려운 것이 아니라,

하지 않으려고 하니까

더 어렵게 느껴지는 것이죠.

어려운 일은 결국

그걸 바라보는 마음이 만듭니다.

April
6

선물 포장지는 화려하지만
그 안에 아무것도 없다면
받는 사람 기분이 어떨까?
"에이, 이게 뭐야!"라고 말하며
그대로 쓰레기통에 버리겠지.
공부가 바로 그런 거야.
하루라는 포장지 안에서
너를 빛내는 존재란다.

September
24

휴식은 그냥 버리는 시간이 아닙니다.

멈춰서 지금까지 배운 것을

깊이 생각하는 시간이죠.

멈추지 않으면 깊어지지 않습니다.

April
7

꿈은 작다고 쉽게 이룰 수 있는 게 아닙니다.

가슴에 품은 꿈을 스스로 굳게 믿고

글과 말로 선명하게 표현할 수 있어야,

그게 무엇이든 반드시 이룰 수 있답니다.

September
23

무언가를 배우는 것도 중요하지만,

그걸 어디에 쓸 수 있는지

가치를 발견하는 사람이 되어야

더 중요한 역할을 할 수 있습니다.

April
8

세상에 언제나 맞는 답은 없어요.

유일한 정답을 찾았다고 말하기보다는

하나의 답을 발견했다고 말하는 것이

배우는 사람의 좋은 태도입니다.

September

22

아무런 흔적도 남기지 않고
사라지는 하루는 없습니다.
뭐든 어디에서든 배울 게 있어요.
중요한 건 "발견할 수 있느냐?"입니다.

April

9

해시계가 그늘 속에만 있으면

무슨 소용이 있겠어요.

아무리 뛰어난 사람이라고 해도

자신의 자리를 찾지 못하면

배운 지식을 활용할 수 없습니다.

September
21

책상 정리는 스스로 하는 게 좋아요.
책상을 정리하면서 어지러운 머리도
함께 정리할 수 있기 때문이죠.
하루에 한 번 책상을 정리하면,
머릿속에 담은 지식도 체계적으로
예쁘게 정리할 수 있습니다.

April
10

모든 과목을 다 잘할 수는 없어요.

어떤 과목을 먼저 공부할지

우선순위를 정하는 게 좋아요.

그래야 중간에 포기하지 않고,

순간순간 집중할 수 있습니다.

September
20

하나를 배운다는 것은

그 하나를 믿게 된다는 의미입니다.

그래서 배우면 배울수록

믿을 수 있는 것들도 많아지죠.

열심히 배우는 사람이

쉽게 흔들리지 않는 이유가 거기에 있습니다.

April

11

시간이 1분밖에 없다고 불평하지 말고,
1분 동안 할 수 있는 일을 찾아보세요.
가능하다고 생각하면 뭐든 할 수 있어요.

September
19

지금은 잘 모르는 지식이라도
곧 제대로 알 수 있을 거라는
생각을 하기 시작하면,
결국에는 그걸 이해할 수 있는
나만의 방법을 찾게 됩니다.
절실하게 구하는 자만,
자기만의 방식을 찾을 수 있습니다.

April

12

배울 수 있다고 생각하면 배울 수 있지만,
배울 수 없다고 생각하면 배울 수 없어요.
인간은 스스로 생각한 것 이상을 할 수 없답니다.

September
18

할 수 있다고 생각한다고
모두 가능해지는 것은 아닙니다.
하지만 할 수 있다고 강하게 믿는 사람이
결국 해낼 가능성도 높습니다.
인생은 가능성을 높이는 게임입니다.

April

13

"아이에게 너무 어렵지 않을까요?"
"이 말을 아이가 이해할까요?"
이렇게 묻는 부모님이 많이 있습니다.
여러분은 어떻게 생각하시나요?
다음 사실을 꼭 기억해 주세요.
세상에 어려운 말은 없습니다.
아직 듣지 못한 말이 있을 뿐이죠.

September
17

개성을 가지려고 굳이 노력할 필요는 없어요.

일상에서 남과 비교하는 시간만 지우면,

그 아래에 선명하게 쓰여 있는

개성이라는 글자를 발견할 수 있습니다.

April
14

다른 나라로 여행을 떠나려면
반드시 여권이 필요합니다.
공부란 지성의 세계를 오가는 데
반드시 필요한 여권이죠.
하나를 배우면 그 세계로 언제든 갈 수 있어요.

September
16

생각하는 것을 바로 이야기하는 직언은

간혹 주변에 적을 만들기도 하지만,

거기에 재치 넘치는 표현을 섞는다면

좋은 사람을 적으로 만들지 않으면서도

생각하는 것을 세상에 전할 수 있습니다.

April
15

공부는 지식을 찾는 일이 아니라

스스로 만드는 겁니다.

September
15

우리를 둘러싼 세상과 자연은

다양한 숫자와 언어로 쓰여 있어요.

공부하면서 하나둘 깨닫게 되고

뭐라고 쓰여 있는지 해석할 수 있게 됩니다.

April
16

행복이 뭐라고 생각하니?
억지로 행복을 찾으려고 하지 말자.
지금 하는 일에 최선을 다하면
그 끝에서 행복이 선물처럼 찾아오니까.

September
14

공부로 이룰 수 없는 것은 없어요.

나쁜 부분을 좋게 바꾸고,

부족한 부분은 채우면,

누구나 공부를 통해서

원하는 능력을 가질 수 있습니다.

April

17

집중력을 제대로 발휘하기 위해서는

모든 것에 집중하는 게 아니라,

덜 중요한 것을 바로 잊고,

더 중요한 것에 모든 것을 걸어야 합니다.

September
13

초등학교 졸업장과
중학교, 고등학교 졸업장은
공부를 마쳤다는 증거가 아니라,
공부할 준비가 되었다는 신호입니다.
진짜 공부는 교실 밖에서 시작되니까요.

April

18

"계획을 세웠다고 다 이룰 수는 없지.

하지만 계획을 세우는 건 중요해.

일단 뭔가 시작했다는 증거잖아."

September
12

만약 어떤 친구가 사는 게 지루하다고 말한다면,
그 친구에게 수학을 배우라고 말해 주세요.
수학을 배우며 보이지 않았던 것들을 발견하게 되고,
세상이 얼마나 활기로 가득한지 알게 됩니다.

April
19

의지가 강해서 움직이는 게 아니라

움직이기 때문에 의지가 생기는 겁니다.

영감을 얻는 가장 좋은 방법은

고민을 접고 자꾸 움직이는 것입니다.

September
11

어떤 결과에 실망하는 마음은

결코 나쁜 게 아닙니다.

그건 기대했다는 사실을 의미하니까요.

기대한 사람이 실망도 할 수 있습니다.

어떤 실망은 그래서 기쁨보다 아름다워요.

April
20

'어떻게든 되겠지.'라는 주문은 통하지 않아요.

지혜로운 사람은 이미 될 수밖에 없는 계획을

철저하게 세운 후에 행운을 기다리고 있으니까요.

September
10

고민은 언제나 우리를 괴롭히죠.

그건 우리에게 능력이 없기 때문이 아니라,

무엇을 선택해야 좋을지 아직 결정하지 못해서

나타나는 현상이기 때문입니다.

확신을 갖고 시작하는 순간

모든 고민은 사라집니다.

April

21

남들보다 지식이 짧은 건 전혀 중요하지 않아요.
배우려는 마음이 없다는 것이 부끄러운 거죠.
지성의 손을 드는 순간 인생이 바뀝니다.

September
9

세상에서 가장 무지한 말은 이것입니다.
"지금까지 늘 그런 방식으로 했어."
반대로 가장 지혜로운 말은 이것입니다.
"이제부터는 이런 방식으로 해 보자."

April
22

매일 반복해서 노력하는 사람이 가장 멋지지.

그 사람에게는 불가능한 것이 없으니까.

한 사람의 성장과 발전은

매일 반복한 작은 노력의 합이란다.

September

8

모두에게는 살아가는 각자의 방식이 있단다.

'틀린 것'이 아니라 '다른 것'이라는 사실을

늘 가슴에 품고 살아야

다양성을 받아들일 수 있고,

그만큼 더 넓고 깊은 네가 될 수 있지.

April
23

왜 다 알고 있는데 또 배워야 하냐고?
공부는 이미 아는 것을 다른 관점에서
바라볼 힘을 기르기 위한 거니까.

September
7

우리의 생각은
하나하나가 날개입니다.
더 많은 생각을 통해서
누구든 지혜라는 하늘을
마음껏 날아갈 수 있죠.

April
24

지식이 같은 제품을 찍어 내는 공장에서 나온
모두에게 지급하는 상품이라면,
지혜는 오직 네 삶에서만 나올 수 있는
세상에 하나뿐인 수공예품이라고 할 수 있지.

September
6

모두가 특별하다고 말할 수는 없지만,

모두가 독특하다고 말할 수는 있습니다.

그걸 다른 말로 '재능'이라고 해요.

다른 이의 말에 너무 귀를 기울이지 마세요.

사람은 자신의 재능을 좇을 때,

가장 아름다운 행복을 느낍니다.

April
25

타인에 대한 불신은
마음의 문을 닫게 하지만
타인에 대한 믿음은
마음의 문을 열게 합니다.

September
5

공부는 그간 열리지 않았던

미지의 문을 열어 주는 열쇠입니다.

하나를 배우면 하나를 열 수 있고,

열 개를 배우면 열 개를 열 수 있죠.

가장 근사한 사실은 누구도

나의 열쇠를 빼앗아 갈 수 없다는 사실입니다.

April
26

농담이라도 거짓을 말하지 마세요.

사소한 것 하나라도 쌓여서

우리의 인격을 완전히 망치기도

반대로 훌륭하게 키우기도 합니다.

September
4

칭찬에 익숙해지면

비난에 마음이 흔들립니다.

"왜 칭찬하지 않는 거야!"

무엇에도 익숙해지지 마세요.

우리는 그저 주어진 일을 해내고

자신에게 만족하면 됩니다.

April
27

재능은 단순히 우리를 놀라게 하지만

꾸준한 노력은 경탄을 불러일으킵니다.

시도하고 또 시도하면서 우리는

더 높은 수준에 도달하게 됩니다.

September
3

생각은 지식을 쌓는 것이고,
사색은 배제하는 것입니다.
우리는 사색을 통해서
지금까지 쌓은 지식을
매일 하나씩 버릴 수 있습니다.
그렇게 모두를 위한 지식이
나만을 위한 지혜로 바뀝니다.

April

28

얼마든지 실수해도 괜찮아요.

부끄럽게 생각하지 않아도 되고

자신을 탓할 필요도 없습니다.

실수했다는 것은 가슴 벅찬 무언가를 시도했다는

근사한 증거이기 때문이죠.

September
2

같은 라면을 끓여도 각자 순서가 다르죠.

면을 먼저 넣는 사람도 있고,

수프를 먼저 넣는 사람도 있습니다.

정답은 없습니다.

다만 사람에 따라 우선순위가 다를 뿐이죠.

여러분의 우선순위 5위 안에는 무엇이 있나요?

April
29

자신에게 진실한 사람만이
가장 값진 것을 배울 수 있어요.
그건 바로 '지혜'입니다.
지혜는 진실한 사람에게서만 태어나는
숭고한 정신입니다.

September
1

최고의 발명품은 사람들을
편리하게 해 주는 것입니다.
도움을 주려는 마음을 가지면
누구든 뛰어난 발명가가 될 수 있죠.

April
30

배웠다고 모두 나의 지식이라고

말할 수는 없어요.

배운 이후에 남은 지식을

비로소 나의 것이라 말할 수 있죠.

내 수준에 맞지 않는 것은

아무리 배워도 머물러 있지 않습니다.

9
September

문제해결,

풀리지 않는 문제를 푸는 힘

5
May

관찰,

하나를 오랫동안 깊이 바라보는 힘

August
31

나는 보고 들어서 배운 것들을 바로 잊습니다.

이미 몸으로 이동해 실천하고 있기 때문이죠.

실천한 시간은 다시 새로운 지식이 되어

나의 머릿속에 입력됩니다.

이것이 바로 모두의 지식을

나만의 지식으로 바꾸는 방법입니다.

May
1

관찰을 시작하면 잠잠하던 뇌에

작은 흐름이 일어나면서

가만히 있을 때는 없었던

안목과 식견을 가지게 됩니다.

August
30

매일 해가 떠서 좋은 날씨가 이어지면

우리가 사는 세상은

모두 사막이 될 수도 있어요.

때로는 흐린 날도 필요한 것처럼,

기분 나쁜 일상도 나의 소중한 하루입니다.

모든 것에는 나름의 가치가 있습니다.

May
2

여러분이 해야 한다고 생각하면

그게 무엇이든 해낼 수 있듯,

배울 수 있다고 생각하면

뭐든 배울 방법을 찾을 수 있어요.

August
29

질문을 많이 하면 배울 수 있고,
자주 실천하면 능숙해질 수 있습니다.

May

3

사람들은 무언가를 잘하는 걸

재능이라고 부릅니다.

하지만 제가 생각하는 재능은 달라요.

오랫동안 즐겁게 할 수 있는 걸

저는 재능이라고 생각합니다.

August

28

모든 사물과 상황에는

반드시 배울 점이 있습니다.

가능성이라는 빛을 갖고 있다면

어떤 어둠 속에서도 앞을 밝힐 수 있습니다.

May
4

"이게 사는 데 도움이 될까?"

이런 생각으로 공부하면

사소한 것 하나도 관찰하기 어려워요.

반대로 생각해야 합니다.

일단 무언가를 끝까지 제대로 배우면,

그 이후에 그 지식의 쓸모를 찾을 수 있죠.

August

27

신은 모든 곳에 찾아갈 수 없어
어머니를 아이에게 선물했죠.
하지만 그렇다고 어머니가 아이의
모든 상황에 함께 있을 수는 없죠.
그래서 신은 하나를 더 선물했죠.
바로 질문입니다.
모든 순간 질문과 함께하세요.
하루가 근사해질 겁니다.

May
5

세상에 풀 수 없는 문제는 없어요.

단지 지금 풀지 못할 뿐이죠.

아는 만큼 세상이 보이듯

아는 만큼 해결책이 보입니다.

August
26

모든 실패에는 수천 개의 변명이 있죠.
"상황이 너무 안 좋았어!"
"시간만 조금 더 있었다면!"
그런 변명으로는 무엇도 바꿀 수 없습니다.
이때 우리가 외쳐야 할 한마디는
바로 이것입니다.
"좋아, 다시 시작하자!"

May
6

하나를 배우고 또 하나를 더 배우는

그런 하루를 반복하면서 지성은 더 단단해지지.

August
25

이해했다고 생각한 내용인데,

이상하게 시험에서 틀릴 때가 많죠.

정말로 이해했는지 확인하려면,

그걸 전혀 모르는 다른 사람에게

그 내용을 가르쳐 보면 됩니다.

이해한 것은 가르칠 수도 있어야 하죠.

May
7

무언가를 새롭게 발견한다는 것은

남과 전혀 다른 것을 보는 게 아니라,

같은 공간에서 같은 것을 보면서

다른 것을 발견하는 것입니다.

새로운 것은 여러분이

자주 다니는 곳에 있습니다.

August
24

내 생각과 마음가짐이 결국
자주 쓰는 단어와 문장이 되고,
그것이 쌓여 내 삶이 되죠.
현재 나의 모습은 결국
지금까지 했던 말의 합입니다.

May
8

시간이 지나면 더욱 진해지며

맛과 향을 더하는 것들이 있어요.

책도 그런 존재입니다.

읽고 또 읽어도 매번 다른 것을

발견하며 새롭게 깨달음을 얻을 수 있어요.

August
23

모든 결과는 언제나 완벽해 보입니다.

그러나 시작은 언제나 사소한 것이었죠.

나의 한 걸음도 사소할 수 있습니다.

그러나 사소한 걸음이 모여 완벽을 이루고,

완벽해지면 결코 사소하지 않습니다.

May
9

오늘 배울 수 있는 일에 전념하면,

내일 한 단계 높은 곳에서

오늘 배운 것을 관찰할 수 있다.

August
22

"내일 무엇을 배워야 하나?"라는 질문은
크게 쓸모 있는 생각은 아닙니다.
오늘의 공부에 모든 힘을 다하면,
그 끝에서 내일 무엇을 배워야 할지
저절로 깨닫게 되니까요.

May
10

무언가에 오랫동안 몰입하며
치열하게 관찰하는 사람은
혼자 있어도 혼자가 아닙니다.
수많은 사람에게 배운 지식을
눈앞에 펼쳐진 문제를
해결하는 데 쓰고 있으니까요.
관찰은 세기의 지성과 손잡는 일입니다.

August

21

최고의 공부는 학교의 교실이 아니라,

주변에서 일어나는 모든 것을

활용하는 사람의 시선에서 시작합니다.

그런 사람에게는 모든 곳이 최고의 교실이죠.

장소가 아니라 시선이 중요합니다.

May
11

기쁨은 쉽게 얻은 걸로 생기지 않아요.
땀을 흘리며 때로는 넘어지는 순간을 지나면서
도착한 곳에서만 주어지는 선물이랍니다.
지금 힘들다면 기쁨으로 가는 과정이라고 생각하세요.

August
20

"나는 앞으로 무엇을 하고 싶나?"

"어떤 사람이 되고 싶나?"

"그렇게 하려는 이유는 무엇인가?"

이렇게 3가지 질문을 늘 품고 살게 되면,

어디에 가든 그 공간의 주인이 될 수 있지.

May
12

가장 좋은 것들은 언제나 속도가 느립니다.

지혜, 진리, 깨달음은 단번에 도달할 수 없죠.

매일 꾸준히 한 걸음 더 앞으로 나아가면서

우리는 그 좋은 것들과 만나게 됩니다.

August
19

일단 계획을 세웠으면
어떤 일이 있어도 앞으로 나아가세요.
꿋꿋이 앞으로 나아가는 그 걸음에
여러분의 희망이 있습니다.

May

13

잘 걷기 위해서는 오래 걸어 봐야 하고,

잘 뛰기 위해서도 오래 뛰어 봐야 하듯,

뭐든 잘 보고 듣고 읽기 위해서는

오랫동안 많이 해 본 시간이 필요합니다.

언제나 꾸준히 하는 사람이 앞서갑니다.

August
18

지식은 그 자체로는 힘이 없어요.

다른 분야와 접목을 하거나,

다른 목적으로 활용할 수 있어야 힘이 세집니다.

그걸 바로 우리는 창조라고 부릅니다.

May
14

내일을 빛나게 만들고 싶다면
빛나는 계획을 세우는 게 아니라,
오늘 자신의 하루를 빛내면 됩니다.

August
17

한 번 생각하면 사실을 전할 수 있지만,
두 번 생각하면 마음까지 전할 수 있습니다.
생각하면 할수록 내 안에서
더 지혜로운 언어를 꺼낼 수 있습니다.

May
15

새로운 지식을 배우고 관찰하면서

결국 가장 마지막에 깨닫게 되는

배움의 진리는 인내입니다.

인내하지 않고 참지 않으면,

지식의 끝을 만날 수 없습니다.

August
16

여러분은 무엇을 원하나요?

갖고 싶은 게 무엇인가요?

하루를 무엇으로 채우고 싶나요?

목적을 하나하나 정해야 공부가 빛납니다.

목적 없는 공부는 시간만 낭비될 뿐이고,

아무것도 머릿속에 남기지 못합니다.

May
16

어제 내 눈에 비친 햇살과
오늘 날 찾아온 햇살은 다릅니다.
이렇게 누구나 같다고 생각하는 것을
다르게 바라보면서 관찰이 시작됩니다.

August
15

중국집에서 짜장면을 주문했는데

목소리가 작아 알아듣지 못해서,

짬뽕이 나오면 기분이 어떨까요?

공부란 원하는 짜장면을 먹기 위해서,

자신의 소리를 선명하게 해 주는 일입니다.

배우면 배울수록 믿음이 강해져서

나오는 소리도 강하고 선명하게 울리죠.

May
17

관찰은 그것을 준비한 사람에게만

기적처럼 찾아오는 선물입니다.

볼 준비를 마친 사람에게만

찾아오기 때문입니다.

August
14

반복되는 일상을 즐겁게 사는 법과
유혹에 넘어가지 않는 자제력을
어린 시절에 기를 수 있다면,
여러분은 모든 시간을 값지게 쓸 수 있어요.
자신을 중심에 두고 집중할 수 있기 때문이죠.

May
18

힘들어도 멈추지 않고 전진하면,

걸어가면서 뭐든 발견하게 됩니다.

걷지 않으면 도저히 짐작할 수 없었던

수많은 비밀을 깨닫게 되는 거죠.

August
13

오늘 해야 할 것을 제대로 완성하면
그게 모여서 최고의 계획이 됩니다.
좋은 하루가 좋은 계획입니다.

May
19

계획을 세우면 이런 식의 말을 하는 사람이 있죠.
"그게 되겠어? 그냥 포기해라."
"차라리 수학은 포기하는 게 좋아."
여러분이 계획을 세우면 옆에서
이러쿵저러쿵 말하는 사람이 많을 겁니다.
그냥 듣고 잊으세요.
그건 현실이 아니라 단지 그들의 생각일 뿐입니다.
계획이 멋져서 질투가 나서 그런 것이니,
여러분은 계획에만 집중하면 됩니다.

August
12

집중은 수천 개의 사물 중에서

단 하나만 바라보는 일을 말합니다.

깊은 공부를 하고 싶다면

집중할 대상 하나만 남기고

모든 것을 배제해야 합니다.

May

20

뭐든 일단 하기로 결정했다면

중간에 무슨 일이 일어나든

끝까지 해 보는 태도가 중요합니다.

그래야 실패를 해도 나의 것이 됩니다.

August

11

기계는 하던 일만 하는 걸 좋아하지만

우리의 뇌는 하던 일만 하면

가장 먼저 고장이 나고 퇴화합니다.

자꾸 생각하고 연결해야

더 나은 내가 될 수 있습니다.

May
21

공부의 기쁨은 그걸 알게 되는 결과가 아니라,

마치 동굴을 탐험하며 전진하듯

그걸 알아 가는 수많은 과정 속에 있습니다.

August
10

지금과는 다른 결과를 내고 싶다면
그 생각에서 벗어나,
지금과는 다른 시작을 해야 합니다.
다르게 시작해야 다른 곳에 도착합니다.

May
22

지식은 누군가의 입을 통해 어디에서든 얻을 수 있지만, 지혜는 오직 관찰을 통해서만 스스로 얻을 수 있습니다.

August
9

하나를 새롭게 배운다는 것은
세상을 바라보는 눈을
하나 더 갖게 된다는 것을 의미하지.
얼마나 행복하니,
세상을 더 넓고 깊게 바라볼 수 있잖아.

May
23

처음부터 높은 곳에 있는 열매를 딸 순 없어요.

낮은 곳에서 시작해서

마지막에 끝으로 이동하게 되죠.

무슨 일이든 순서가 있고,

그걸 지켜야 이루어 낼 수 있습니다.

August
8

배움의 과정에서 행복이 없다면
그건 가르치는 사람이나
배우려는 사람 모두에게
조금도 도움이 되지 않습니다.

May
24

학원을 일주일 내내 가면

오히려 공부에 나쁜 영향을 줄 수 있죠.

배운 것을 생각할 시간을 갖지 못하니까요.

하나를 배워도 꼭 그걸 생각할 시간을 가져야 해요.

그걸 바로 '복습'이라고 하죠.

August
7

몸은 조금 힘들지만 높이 올라가면

멀리까지 바라볼 수가 있어요.

공부도 마찬가지입니다.

지금 열심히 배우는 사람은

현재 보이지 않는 먼 곳까지

바라볼 안목과 견문을 선물로 받게 됩니다.

May
25

"나는 대리석에서 천사를 보았고,

천사가 자유롭게 풀려날 때까지 조각을 했다."

미켈란젤로의 말입니다.

늘 나의 욕망으로 대상을 바라보지 말고,

대상이 스스로 무엇이 되고 싶어 하는지 관찰하세요.

August

6

우리는 누구나 자신을 지혜롭게 만들어 주는

마음이 예쁜 친구를 갖고 있어요.

그건 바로 우리가 읽는 책이죠.

May
26

생명에게는 모두 자기만의 세계가 있습니다.

개미에게는 개미의 세계가 있고,

비둘기에게도 비둘기의 세계가 있어요.

그래서 인생은 끝나지 않는 탐험입니다.

August
5

해결책이 많다는 사실은

분명한 하나의 방법을

아직 찾지 못했다는 증거입니다.

더 생각해야 하나만 남길 수 있습니다.

May

27

지식을 단순히 알고 있는 사람은 많지만,

그걸 쉽게 설명할 수 있는 사람은 별로 없습니다.

오랫동안 하나를 치열하게 생각하는

능력을 갖고 있지 않아서 그렇습니다.

August

4

경청이란 모든 이야기를 듣는 게 아니라

들어야 할 말을 주의 깊게 듣는 것이고,

달변이란 쉴 새 없이 말하는 것이 아니라

말을 멈춰야 하는 순간을 아는 것입니다.

May
28

시작이 반이라는 말은
시작 그 자체가 중요하다는 게 아니라,
당신이 가진 모든 역량을 시작에
반 이상 투자하라는 조언입니다.
'시작'은 모든 일의 가장 중요한 부분입니다.

August

3

TV 뉴스에 나오는 소식을 들으면서

이런 질문을 해 보면 두뇌 회전에 좋습니다.

"저 사람은 왜 저렇게 생각할까?"

"나라면 뭐라고 말할 것 같은가?"

누군가의 생각을 들었을 때는,

꼭 자신의 생각까지 확인해 보세요.

May
29

불평이나 비난은 굳이 할 필요가 없단다.

그것들은 악취가 나서 네가 말하지 않아도

이미 모두가 알고 있기 때문이지.

그래서 우리는 늘 좋은 부분에 대해서 말해야 해.

그건 생각이 필요한 거라서,

아무나 발견할 수 없는 것이니까.

August
2

같은 일을 100년 동안 해도

배우지 않는 사람은 발전이 없어요.

같은 하루를 100년 반복한 것이니까요.

배워야 새로운 하루를 맞이할 수 있습니다.

May
30

보통의 사람은 자신의 경험에서만
깨달음을 얻고,
뛰어난 사람은 타인의 경험을 통해서도
깨달음을 얻습니다.
그러나 가장 위대한 사람은
사람이 아닌 모든 존재에게서
깨달음을 발견하지요.
그렇습니다.
깨달음은 발견하는 자의 몫입니다.

August
1

세상에 새로운 것은 별로 없죠.
다만 공부를 통해서 우리는
익숙한 것을 새롭게 보이도록 만드는
다양한 방법을 배우게 됩니다.

May

31

세상에 저절로 일어나는 일은 별로 없습니다.
무언가를 발견하고 싶다면
끊임없이 다가가야 하죠.
그것이 바로 우리가
관찰해야 하는 이유입니다.

8
August

연결,
이것과 저것을 가장 효과적인 하나로 만드는 힘

6
June

자각,

무엇을 알고 무엇을 모르는지 구분하는 힘

July
31

많은 사람이 다른 사람의 시선을 의식하며
자꾸만 자신을 속이기 때문에
자신의 재능을 발견하지 못합니다.
자신을 솔직하게 보여 줘야
그 안에서 재능도 발견할 수 있습니다.

June

1

물고기에게 걸음을 가르치지 말고,
코끼리에게 수영하는 법을 가르치지 마세요.
그건 물고기와 코끼리에게는 고통을 주고
자신에게는 시간을 낭비하게 만들기 때문이죠.
무엇을 배워야 할지 아는 것이 우선입니다.

July
30

지성을 품은 사람의 마음은
마치 바닷물과 같아서,
배우면 배울수록 갈증을 느끼게 되고
하나를 배우면 두 개가 궁금해집니다.

June
2

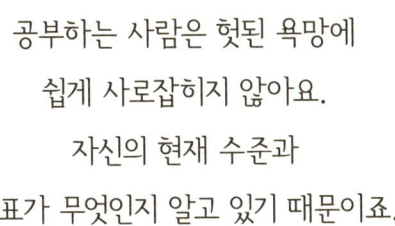

공부하는 사람은 헛된 욕망에
쉽게 사로잡히지 않아요.
자신의 현재 수준과
목표가 무엇인지 알고 있기 때문이죠.

July
29

기적은 모두에게 찾아옵니다.

다만 오늘 최선을 다하는 사람에게

자주 기적이 찾아오는 것처럼 보이는 이유는

기적 역시 최선을 다하는 사람에게

자신을 맡기는 것이 최선이라는 사실을

누구보다 잘 알고 있기 때문입니다.

June
3

새롭게 무언가를 배운다는 것은

내가 할 수 있는 일과 할 수 없는 일의

경계선을 구분하는 일이라고 볼 수 있어요.

공부를 통해 우리는 자신의 가능성과

한계에 대해서 제대로 알 수 있습니다.

July
28

자신에게서 눈을 돌린 사람은 원하는
변화에 성공하기 힘들 가능성이 높아요.
모든 변화는 자기 안에서 시작하는데
그걸 눈치채지 못하기 때문이죠.

June
4

"어떻게 하면 배울 수 있을까?"

"저걸 내가 어떻게 배워!"

같은 나이에 같은 상황에서도,

바라보는 시각에 따라 배움의 깊이도 다르죠.

공부는 가능성을 찾는 것에서 시작합니다.

July
27

세상에서 가장 안전하고

수익성이 높은 투자는,

지식에 대한 투자입니다.

당장 돈 한 장 얻는 것보다

지식을 하나 더 얻는 게 좋습니다.

June
5

꼭 알고 싶다고 간절히 바라면
결국 우리는 문제를 해결할 수 있어요.
잠재의식이 자신의 재능을 모두 투자해서
우리를 돕기 때문입니다.

July
26

아무리 기술이 발전해도
할 수 없는 일이 하나 있으니,
1분 뒤로 가는 것입니다.
정말 짧은 시간이지만
세상에서 가장 가기 힘든 시간이기도 하죠.
하지만 글쓰기만이 우리를
1분 뒤로 가서 살펴볼 수 있게 해줍니다.

June
6

오늘 일을 뒤로 미루면
결국 내일 일도 뒤로 미루게 돼요.
오늘 할 일은 오늘 해야 합니다.
내일은 또 그날 주어진 일이 있으니까요.

July
25

비누가 있어야 더러워진 몸을

깨끗하게 닦을 수 있는 것처럼,

지식이 있어야 어리석은 마음을

깨끗하게 닦을 수 있습니다.

June
7

실수와 시행착오는

창조로 들어가는 문입니다.

닫혀 있는 문을 열기 위해서는

끊임없이 실수하고 실패해야 합니다.

July

24

안목은 그 사람의 운명을 결정합니다.

사람은 보는 만큼 꿈꿀 수 있으니까요.

그런 수준 높은 안목은 자신에게서 출발합니다.

자신의 가슴속을 들여다볼 수 있을 때,

비로소 시야가 열리기 때문입니다.

June

8

후회를 하는 건 좋은 현상입니다.

우리는 해 본 일에서만 후회를 할 수 있죠.

후회한다는 것은 도전한 일이

다른 사람들보다 많다는 멋진 증거입니다.

July
23

지성인을 초대한 적이 없는 가정에는
지혜라는 손님이 찾아오지 않아요.
좋은 책과 좋은 태도를 가진 사람을
자주 집에 초대하고 배우면
저절로 삶의 지혜를 얻게 됩니다.

June
9

내게 주어진 시간은 나만의 것입니다.

그 소중한 시간을 가장 쓸모 있게

보내는 방법은 단 하나입니다.

남이 내 시간을 쓰지 않게 하는 거죠.

여러분이 진짜 하고 싶은 일을 하세요.

그게 주어진 시간을 가장 값지게 쓰는 방법입니다.

July
22

보통의 뛰어난 사람은
자기 안에서만 재능을 발견하지만,
위대한 수준에 도달하는 사람은
모든 사람들에게서 재능을 발견합니다.
자신에게서만 배우는 사람과
모두에게서 배우는 사람은
서로 전혀 다른 인생을 살게 됩니다.

June
10

자신이 무엇을 모르는지 알고
그것을 알기 위해서 배우며,
또 틈틈이 실천하는 삶
그것이야말로 가장 행복한 인생입니다.

July
21

지금 막 끓인 맛있는 국수와
빵 하나가 식탁에 놓여 있다면,
뭘 먼저 먹어야 한다고 생각하나요?
여러분 말이 맞아요.
붇기 전에 국수를 먼저 먹어야죠.
그렇게 세상에는 먼저 해야 하는 일이 있고,
그걸 우선순위라고 말합니다.

June
11

분명한 목표가 없는 연습은

자신을 괴롭히는 형벌일 뿐입니다.

공부도 마찬가지입니다.

분명한 목표가 있어야

즐겁게 공부할 수 있습니다.

July
20

"내가 원하는 것이 무엇인가?"
이 질문을 시작하며
진짜 공부도 시작합니다.
그 질문을 던지기 전에 배운 것들은,
저 질문을 찾기 위한 준비였던 거죠.
세상에 쓸모없는 공부는 없어요.

June

12

무엇을 해야 할지 잘 모를 때는

자기 자신에 대해서 생각하며

당장 고치면 좋은 태도에 대해서

오랫동안 생각해 보는 게 좋아요.

그게 무언가를 시작할 가장

쉽고 빠른 방법입니다.

July
19

배우는 자세는 크게 두 가지로 나뉘죠.

하나는 "과연 이게 될까?"

또 하나는 "이거 한번 해 보자."

어떤 자세가 배우는 데 도움이 될까요?

100가지 지식을 배우는 것보다

한 가지를 실제로 적용하는 게 좋습니다.

June
13

여러분은 뭘 생각하면
저절로 기분이 좋아지나요?
바로 그걸 공부하면
행복하게 웃으며 배울 수 있죠.

July
18

우리는 모두 아무것도 모르는 상태로 태어났고

공부를 통해 자신을 채울 수 있습니다.

내가 배운 것이 곧 나를 말해 주는 거죠.

June
14

인간은 교육을 통하지 않고는
인간답게 살아갈 수 없습니다.
교육은 인간성을 찾아 주는 일입니다.

July
17

"이걸 왜 굳이 배워야 하나요?"
공부를 하다 보면 이런 질문이 나옵니다.
우리는 누구나 자신이 해야 할 역할을
하나 이상은 갖고 태어났습니다.
그 역할을 찾기 위해서
다양한 것들을 공부하는 거죠.

June
15

 무언가를 배우기 전에는

먼저 여러분이 원하는 것을 결정하세요.

다음에는 그걸 배우기 위해서

무엇을 희생할 수 있는지 생각해 보세요.

게임을 하는 시간이나 노는 시간을 줄이면서까지

하고 싶은 것을 찾아서 배운다면

그 시간은 분명 빛날 겁니다.

July
16

누군가에게 고마운 마음을 전하는 것은
제대로 배운 사람만이 할 수 있는
가장 지적인 행동입니다.
그는 교과서에도 나오지 않는
가치 있는 태도를 가진 사람이기 때문입니다.

June
16

"내가 과연 이 일을 해낼 수 있을까?"

지금 두렵다는 것은 여러분이 선택한 일에

시간을 투자할 가치가 있다는 증거입니다.

한 걸음 또 한 걸음 더 걸어가면서

두려움은 희망으로 바뀔 겁니다.

July
15

보기만 해도 눈이 밝아지는 예절은
상대방의 마음의 문을 열어주는
만능열쇠 역할을 합니다.

June
17

지식은 우리를 뛰게 만들지만,

지혜는 우리를 멈추게 만듭니다.

누구나 뛸 수는 있지만,

어디에서 멈춰야 하는지를 판단하려면

반드시 지혜가 필요합니다.

July
14

공부와 게임 사이에는 분명한 공통점이 있지.

바로 하나의 공격 목표를 선택해서,

거기에 집중하며 이겨 내는 거야.

게임을 잘한다면 공부도 잘할 수 있어.

June
18

아무리 힘이 세도
지성을 갖추지 못하면,
막대한 힘도 쓸모가 없어지죠.
힘이 엔진이라면
지성은 운전대입니다.

July
13

원하지 않을 때는 당당한 음성으로
"싫어요."라고 말할 수 있어야 합니다.
타인에게 거절을 말하지 못하는 사람은
스스로 자신을 불행하게 만드는 것과 같아요.

June
19

모르는 문제를 풀고 싶다는
마음만 가지고 있어도
뇌 속에서는 긍정의 물질이 나오죠.
뇌도 의지를 가진 사람을 돕습니다.

July
12

여행을 떠나서도 아는 만큼 보이는 것처럼

공부와 사랑 역시 마찬가지입니다.

아는 것이 적으면 사랑하는 것도 적고,

사랑이 적으니 배우는 것도 적어집니다.

우리는 사랑하는 것들에게서만 배울 수 있으니까요.

June
20

세상에 너무 늦은 시작은 없어요.

늘 시작하고 또 시작하세요.

여러분이 시작한 모든 일들이

여러분의 삶을 완성합니다.

성장은 시작이라는 조각을 맞춘 퍼즐입니다.

July
11

게으른 사람도 환경을 바꾸면
부지런하게 만들 수 있고,
재능이 없는 사람도 오랫동안
단련하면 나아질 수 있지만,
배우려는 마음이 없는 사람은
어떤 사람도 바꿀 수 없습니다.

June
21

세상을 바꾸겠다고 말하는 사람은 많지만,
정작 세상을 구성하는 자기 자신을
먼저 바꾸겠다는 사람은 별로 없습니다.
모든 변화는 작고 사소한 것에서 시작하죠.
과연 누가 세상을 바꿀 수 있을까요.

July
10

공부가 인생에서 가장 중요한 거라고
확실하게 말할 수는 없지만,
중요한 게 무엇인지 찾기 위해서
필요한 것이라는 사실은 분명합니다.

June
22

어떤 일을 바라보면서 우리는
두 가지 생각을 할 수 있습니다.
하나는, "모든 것은 우연이다."
또 하나는, "모든 일에는 이유가 있다."
우연이라고 생각하면 질문할 수 없습니다.
자신이 할 수 있는 일이 없기 때문이죠.
늘 모든 일에는 이유가 있다고 생각하세요.

July
9

경청을 제대로 아는 사람은
표현이 서툰 사람에게도 귀한 것을 얻지만,
반대로 경청이 서툰 사람은
위대한 지성에게도 아무것도 얻지 못합니다.

June
23

늘 좋은 목적을 품고 있으면
누구와 대화를 해도 온기가 넘치고
어디에서 무엇을 해도 빛이 나죠.
좋은 목적처럼 향긋한 향수는 없습니다.

July

8

차분한 마음으로

지금 하는 일에 정진하면,

이루지 못할 게 하나도 없습니다.

내가 달라지면 모든 게 달라집니다.

June 24

모든 실패가 같은 실패는 아닙니다.

스스로 실패한 이유를 모르는 사람과

왜 실패했는지 이유를 아는 사람은 다르죠.

실패한 이유를 발견했다면,

당신은 이제 실패자가 아닙니다.

July
7

재능이 뛰어난 사람이 아니라
가장 성실한 사람이 결국
자기만의 길을 찾아 성장합니다.
길은 포기하지 않고 찾는 자에게만
자신의 존재를 허락하기 때문이죠.
성실이 가장 고귀한 학문입니다.

June
25

멈춘 시계도 하루에 두 번 맞는 것처럼

생각이 멈춘 바보도 가끔은 맞을 수 있죠.

하지만 생각을 시작하면 어떻게 될까요?

맞을 가능성이 더 높아지겠죠.

더 자주 깊이 생각하면

좋은 일이 더 많이 생깁니다.

July
6

어려움을 딛고 일어서려고 작정하면
작은 돌멩이 하나도 의지할 존재가 되지만,
모든 것을 포기하려고 작정하면
커다란 받침대도 쓸모없는 물건에 불과합니다.

June
26

우리가 오늘도 공부하는 이유는
더 많은 것을 알기 위해서가 아니라,
무엇을 모르고 있는지 알기 위해서입니다.

July

5

지성은 인생을 빛내는 보석입니다.
위대한 인물에게는 그것이 있고,
평범한 사람들에게는 없습니다.

June
27

깨어 있다는 것은
스스로 배운다는 증거이고
깨진다는 것은
주입받고 있다는 증거입니다.

July
4

매일 거울에 비친 자신의 모습을

자랑스럽게 바라보며 웃으세요.

그건 매일 자신에게

행복을 선물하는 일이니까요.

June
28

왜 외운 건 금방 잊게 되는 걸까요?

이유는 질문 안에 이미 있어요.

"외웠기 때문입니다."

스스로 깨달은 것만 마음에 남아서,

우리들 삶에 빛을 더해 줍니다.

July
3

능력이 피라면, 태도는 핏줄입니다.
아무리 멋진 능력이 있어도
태도라는 핏줄이 없으면,
자신의 능력을 발휘할 수 없습니다.

June
29

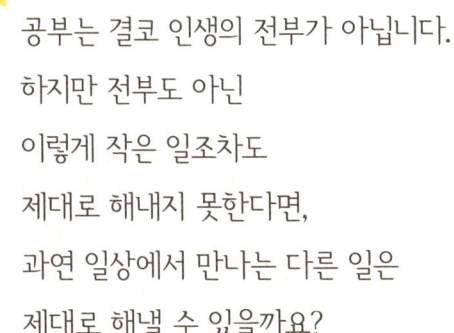

공부는 결코 인생의 전부가 아닙니다.
하지만 전부도 아닌
이렇게 작은 일조차도
제대로 해내지 못한다면,
과연 일상에서 만나는 다른 일은
제대로 해낼 수 있을까요?

July
2

실패하는 사람은 능력이 없는 것이 아니라,
성공하기를 포기한 사람입니다.
꾸준히 계속 걸어가면,
결국 무엇이든 만나게 됩니다.

June
30

독서와 글쓰기를 즐거운 마음으로 시작한 사람은

나날이 다른 사람과 다른 현실을 맞게 됩니다.

가장 먼저 만나는 사람이 달라지고,

다른 생각과 다른 행동을 하게 되고,

이전에는 생각지도 못한 세상을 만나게 되죠.

July
1

행복 옆에는 불행이 있고,

성공 옆에는 실패가 있어요.

거의 비슷한 자리에서

우리를 지켜보고 있습니다.

그래서 행복과 성공은

그것을 선택하는 자의 몫입니다.

새로운 반년을 맞이하며

이제 꼭 반년이 지났네요.
혹시 이런 사실을 알고 있나요?
"세상에 해결하지 못할 문제는 없습니다.
해결하지 못하는 사람이 있을 뿐이죠."
어떤 문제를 만나든 의지만 있다면
결국에는 해결할 수 있어요.
중요한 건 매일 잊지 않고 실천하는 거죠.
그래서 오늘 일을 내일로 미루는 건 좋지 않아요.
내일은 또 내일 해야 할 일이 있으니까요.
여러분의 나머지 반년을 뜨겁게 응원합니다.

7
July

지성,
모두에게서 배울 점을 발견하는 힘